A B C

ROYAL,

OU L'ART

D'APPRENDRE A LIRE

PAR LES SONS,

Sans épeler les voyelles ni les consonnes.

DÉDIÉ

AUX ENFANS

DE FRANCE;

Monseigneur le Duc de BERRY,

Monseigneur le Comte de PROVENCE,

Et Monseigneur le Comte D'ARTOIS.

Seconde Edition plus abregée.

Le prix est de 6 sols.

A PARIS,

Chez { Mericot pere, Quai des Augustins, près la rue Git-le-Cœur,
Et Lambert, rue de la Comédie.

M D C C. L I X.

Avec approbation & privilege du Roy.

AF318171

[illegible]

A MESSEIGNEURS

LE DUC DE BERRY,
LE COMTE DE PROVENCE,
LE COMTE D'ARTOIS.

Messeigneurs,

Le gout pour les Etudes dépend de la premiere que l'on fait dans l'enfance ; pour le faire naître par une méthode douce, aisée & réguliere, j'ai l'honneur de vous préfenter, Messeigneurs, l'Art unique & véritable d'apprendre à lire.

Cette découverte qui enfeigne d'abord à agir par régles & à ne rien faire au hazard, rectifie l'ufage fuivi par

EPITRE.

notre Nation & par toutes les autres.
Paroissant sous vos A U G U S T E S
protections, elle ne peut recevoir qu'un
accueil favorable.

Heureux si cet essai peut secon-
der les vues d'une P E I N C E S S E
qui a entre les mains le dépôt de la
France, le plus précieux, dont elle
fait son unique soin.

Recevez, M E S S E I G N E U R S,
cet hommage d'un Lorrain qui est
venu vous en consacrer les prèmices,
& vous donner cette marque de son
zele & du très-profond respect avec
lequel il est,

M E S S E I G N E U R S,

Votre très-humble, très-obéissant
& très-fidèle Serviteur, BOUCHOT,
Chanoine de la Collegiale de Ste Croix
de Pont-à-Moussion, & ci-devant Au-
mônier de feu, S. A. R. Madame la Du-
chesse de Lorraine.

PREFACE.

CE qui eſt de plus ſurprenant touchant cette Mèthode, c'eſt que l'on ait tardé ſi longtems à en faire la découverte, quoique beaucoup d'habiles gens y ayent travaillé, comme les Grecs, les Latins, MM. de Port-Royal, & quantité d'autres.

La ſurpriſe eſt d'autant plus grande que cette mèthode eſt la choſe du monde la plus ſimple, il ne faut ni la chercher bien loin, ni avoir beaucoup d'eſprit pour la concevoir, il ne s'agit que de nous la faire connoître. Les enfans ſans le ſavoir la poſsèdent & la pratiquent: auſſi apprennent-ils les ſons avec une facilité ſurprenante ; ils les forment tous : & ſans en manquer aucuns ils les font prendre aux conſonnes. On peut s'en convaincre par l'expérience : ce fait eſt ſi évident qu'il ne laiſſe pour rèplique que l'ètonnement.

Un enfant de Paris, d'environ cinq à ſix ans qui ne connoiſſoit que ſes Lettres,

EPITRE.

notre Nation & par toutes les autres.
Paroissant sous vos *AUGUSTES*
protections, elle ne peut reçevoir qu'un
accueil favorable.

Heureux si cet essai peut seconder les vues d'une *PRINCESSE*
qui a entre les mains le dépôt de la
France, le plus précieux, dont elle
fait son unique soin.

Recevez, *MESSEIGNEURS*,
cet hommage d'un Lorrain qui est
venu vous en consacrer les prèmices,
& vous donner cette marque de son
zele & du très-profond respect avec
lequel il est,

MESSEIGNEURS,

Votre très-humble, très-obéissant
& très-fidèle Serviteur, BOUCHOT,
Chanoine de la Collegiale de Ste Croix
de Pont-à-Mousson, & ci-devant Aumônier de feu, S. A. R. Madame la Duchesse de Lorraine.

PREFACE.

CE qui eſt de plus ſurprenant touchant cette Mèthode, c'eſt que l'on ait tardé ſi longtems à en faire la découverte, quoique beaucoup d'habiles gens y ayent travaillé, comme les Grecs, les Latins, MM. de Port-Royal, & quantité d'autres.

La ſurpriſe eſt d'autant plus grande que cette mèthode eſt la choſe du monde la plus ſimple, il ne faut ni la chercher bien loin, ni avoir beaucoup d'eſprit pour la concevoir, il ne s'agit que de nous la faire connoître. Les enfans ſans le ſavoir la poſſèdent & la pratiquent: auſſi apprennent-ils les ſons avec une facilité ſurprenante; ils les forment tous: & ſans en manquer aucuns ils les font prendre aux conſonnes. On peut s'en convaincre par l'expérience : ce fait eſt ſi évident qu'il ne laiſſe pour réplique que l'étonnement.

Un enfant de Paris, d'environ cinq à ſix ans qui ne connoiſſoit que ſes Lettres,

A iij

l'Auteur l'a fait lire, françois & latin à livre ouvert en quinze jours. Le certificat de M. le Curé de S. Sulpice en fait foi.

L'Etat est particulièrement intéressé à cette découverte, par le besoin qu'il a des Chefs de famille, & par celui que ceux-ci ont de leurs enfans, pour en tirer des services que les enfans peuvent rendre dans ce bas âge.

La Découverte pour apprendre à lire par les sons, sans èpeler les voyelles ni les consonnes, est une opération de calcul & de combinaison.

Pour calculer nous avons les neuf premiers chiffres marqués par un seul caractere, 1, 2, 3, 4, 5, 6, 7, 8, 9. Si l'on joint les deux premiers ensemble, ils augmentent en nombre, & on compte douze. Si l'on joint les trois premiers, le nombre augmente encore, & on compte cent vingt-trois. Cette gradation dans l'arithmetique va presque à l'infini.

Pour lire par les sons nous avons cinq caracteres de voyelles qui indiquent un son simple, *a e i o u*. Nous avons ensuite vingt & un caracteres de consonnes, ces caracteres ont chacun un nom particulier dans l'alphabet, & aucun ne se peut articuler sans que l'on n'entende le son d'une voyelle devant ou après. C'est pourquoi ces vingt & un caracteres ne peuvent être prononcés que de dix façons : ou cinq fois devant les voyelles, comme *ba be bi bo bu*, ou cinq fois après, comme *ab eb ib ob ub*. Voilà le calcul. Voyons maintenant la combinaison.

Ces vingt & un caracteres ne peuvent être employés que de cinq façons avec chaque voyelle : Ou un seul, ou deux ou trois ensemble devant chacune des cinq voyelles : Ou un seul ou deux seulement après. Car soit en latin soit en françois, il ne se trouve jamais plus de trois consonnes devant les voyelles, ni plus de deux après. Excepté deux mots latins, qui sont *stirps & urbs*. Ainsi la gradation des sons n'est pas considérable, puisqu'elle n'excéde pas le nombre trois. Et celle des combinaisons ne passe pas le nombre cinq.

Dans l'arithmètique lorsque les neuf premiers caracteres sont considérés seuls, on dit *un*, *deux*, *trois*, *quatre*, &c. Si l'on joint les deux premiers ensemble, on ne dit pas *un & deux*, douze. Si l'on joint les trois premiers, on ne dit pas, *un, deux & trois*, *cent vingt-trois* : mais en les voyant unis ensemble, on dit simplement douze : & cent vingt-trois.

Il en est de même pour lire par les sons. Si les vingt & un caracteres de consonnes se considèrent à part comme dans l'alphabet, on les prononce *b c d f h l m q x* &c. Mais si ces caracteres sont joints à des voyelles , alors ils changent de sons, & pour former ces nouveaux sons , il est inutile de nommer les caracteres les uns après les autres du nom qu'ils ont dans l'alphabet ; il est encore inutile de nommer la voyelle à laquelle ils sont joints; mais on les prononce tout d'un coup du son de la voyelle qui s'y rencontre.

Si l'année du siecle dans laquelle nous sommes , ètoit marquée par les quatre chiffres qui l'indiquent , & que quelqu'un les nommât les uns après les autres pour prononcer le nombre qui en résulte, comme : *un* , *sept* , *cinq* & *neuf*, mil sept cent cinquante-neuf : & qu'un autre à l'aspect des quatre chiffres prononçât tout d'un coup le nombre indiqué, quel est celui qui opereroit plus promptement & avec plus de grace ? Le dernier feroit en un tems , ce que le premier feroit maussadement en cinq tems.

Il en est de même pour enseigner à lire. Ceux qui font èpeler, font faire dans certains mots en dix tems , ce que font en un tems ceux qui lisent par les sons. Pour le faire voir èvidemment & sans rèplique , prenons pour exemple le mot *man-geoient*. Dans la derniere syllabe de ce mot , il y a sept lettres : ceux qui font èpeler , les font nommer toutes.

les fept les unes après les autres du nom
qu'elles ont dans l'alphabet ; après quoi
ils indiquent le fon qui réfulte de cet
affemblage : enfuite ils font répéter la
premiere fyllabe pour la joindre à cette
derniere , afin de prononcer le mot, ce
qui fait dix articulations. . .Celui qui lit
par les fons lorfqu'il vient , à la derniere
fyllabe,on lui dit fimplement de prononcer le *g* fur l'*e* bref,comme il en fait le fon
il le fait prendre tout d'un coup au *g* :
ainfi il fait en un tems ce que les autres
font en dix.

Ceux qui ont changé la dènomination
des lettres de l'alphabet & qui les nomment toutes fur l'*e* muet, ne font pas
moins épeler toutes les confonnes à leur
façon, & la voyelle en outre : ainfi au
lieu d'un ridicule, ils en ont deux de plus,
en ce qu'ils affectent de changer une dénomination reçûe & fuivie par tout ; &
en ce que pour faire prononcer leur *e*
muet, ils apprennent les Enfans à bè-
gayer, pour les difpofer à articuler.

Il eft queftion maintenant de montrer
comment on apprend aux Enfans à prononcer les confonnes fimples , doubles
& triples devant & après les cinq voyelles, & cela tout d'un coup & d'une feule
voix. Comme dans l'arithmétique on
enfeigne les nombres fimples , enfuite la

valeur de plusieurs joints ensemble. De même dans l'Art d'apprendre à lire par les sons on commence à enseigner aux enfans les cinq voyelles, ce qui est l'ouvrage de dix minutes. Lorsqu'ils en savent bien les sons, on leur apprend à faire prendre ces sons aux consonnes. On a dressé à cet effet autant de Tables qu'il y a de combinaisons dans l'assemblage des consonnes mises devant & après les cinq voyelles. Il n'y a que cinq combinaisons, ainsi ce sont cinq Tables.

La premiere Table est celle des consonnes simples placées devant les cinq voyelles. La seconde est celle des consonnes simples après. La troisieme est celle des doubles consonnes devant les cinq voyelles. La quatriéme est celle des triples consonnes placées devant les cinq voyelles. La cinquième est celle des consonnes doubles après les cinq voyelles.

Un Enfant apprend aisément une Table par semaine. Les cinq Tables sont pour cinq semaines, l'Auteur en met six pour les moins intelligens. Chaque Table a une Leçon particuliere composée relativement à l'assemblage des consonnes placées devant, ou après les cinq voyelles. On les fait lire successivement à mesure qu'un Enfant a appris une Table. Après quoi un Enfant commence à lire en latin à livre ouvert.

On employe les quinze jours suivans à lui apprendre les sons qui sont particuliers à la Langue Françôise, ensuite un Enfant commence aussi à lire en françois à livre ouvert ; de sorte qu'en deux mois un Enfant commence à lire les deux Langues, & en six mois il les lit coulamment l'une & l'autre : le Certificat de M. le Chantre de la Cathedrale de Paris en fait foi.

On ne dit rien ici des diphtongues, on en a fait des leçons à part. Les Latins ont huit diphtongues, dont sept sont écrites avec deux caractéres de voyelles, & une avec trois. De ces huit diphtongues il n'y en a que trois dont on entend le son de deux voyelles qui sont *ua ue ui*, qui se prononcent en *qua que qui* ; les cinq autres qui sont *ae au ea æ uo*, ne rendent qu'un son simple qui est *e eu* & *o*, parce que dans toutes les Langues pour ne faire de deux voyelles qu'une syllabe, la premiere doit commencer par *i*, ou par un *u* françois ou allemand.

Ainsi il est aussi facile à un enfant de prononcer un son double qu'un son simple ; & quand il fait prononcer les consonnes du son d'une voyelle, il a la même facilité de leur faire prendre les sons que rendent deux voyelles doubles.

A vj

MANIERE D'INSTRUIRE

SUIVANT CETTE METHODE.

LE MAITRE.

Comment appelle-t-on *b* devant *a* ? *Ba*.. Comment appelle-t-on *b* devant *e* ? *Be*... Comment appelle-t-on *b* devant *i* ? *Bi* ... Comment appelle-t-on *b* devant *o* ? *Bo*... Comment appelle ton *b* devant *u* ? *Bu*.

Après deux leçons que le Maître aura données, l'Enfant sera en état de se faire les mêmes demandes & les mêmes réponses. Le Maître ne fera que l'écouter pour le reprendre s'il manque, ce qui n'arrivera guère qu'à la premiere dènomination. Quand il fait cette dénomination avec la premiere voyelle, il lui est facile de la faire avec les autres, dont il se fait une rime agréable & amusante.

Le Maître. Comment appelle-t-on *b* après *a* ? *Ab*, *b* après *e*, *eb* ; *b* après *i*, *ib* ; *b* après *o*, *ob* ; *b* après *u*, *ub*, &c. Comment appelle-ton *b* & *l* devant *a* ? *Bla*, &c. Comment appelle-ton *sp* & *l* devant *a* ? *Spla*, &c. Comment appelle-t-on *b* & *s* après *a* ? *Abs*, &c.

On ne donne qu'un exemple de chaque colonne des conſonnes miſes devant & après la premiere voyelle, il eſt facile de ſuppléer au ſurplus.

Chaque colonne doit faire le ſujet d'une leçon de huit jours; après quoi on fera lire à l'Enfant la leçon qui y répond, ce qu'il exécutera facilement. De crainte qu'il n'oublie les premieres leçons en le faiſant paſſer aux ſuivantes, on aura l'attention de lui faire lire tous les jours une fois ſoir & matin les précédentes.

On peut ſe ſervir d'articles pour faire ces demandes. Par exemple, comment appelle-t-on le *b* devant l'*a*... Mais il vaut mieux ne s'en pas ſervir comme on a fait. On a remarqué qu'un enfant articule mieux ces dénominations, moins elles ſont accompagnées de ſons étrangers *.

On fera dire pendant les quatre premiers jours à chaque colonne, *comment appelle-t-on* &c. & cela afin que les Enfans s'inculquent bien les nouveaux noms que les conſonnes prennent devant & après chaque voyelle.

---

* Quelques perſonnes ſont d'avis qu'il ſuffit de dire *b* devant *a*, *b* devant *e*, &c. L'Auteur n'a pas expérimenté cette façon; mais ſi elle fait opérer auſſi bien que les deux autres. Elle doit être préférée comme plus courte.

Les quatre derniers jours on ne fera plus dire, *comment appelle-t on* &c. mais en fautant d'une confonne à une autre, à la fin, au milieu, & au commencement, on montrera fimplement les confonnes avec les voyelles, afin de les faire prononcer tout d'un coup & d'une feule voix.

Il eft à remarquer que lorfqu'on fait les trois premieres Tables, on fait les deux dernieres, la quatrieme ne fe trouve par tout augmentée que de la confonne *f*. Cette confonne ne s'articule point, mais on la prononce par un fimple fifflement qui part des lévres. Les Maîtres doivent apprendre aux Enfans à faire ce fifflement que le papier ne permet pas d'ècrire. Il n'y a que trois colonnes où l'on trouve trois autres confonnes, qui font *chra*; *phra* & *thra*. La confonne *h* ne fe prononce ni dans le premier ni dans le dernier affemblage, ainfi on n'y prononce que deux confonnes *cra* & *tra*. Les confonnes *ph* ne veulent qu'un *f*, on ne prononce auffi que deux confonnes, *fra*.

Dans la cinquieme Table des confonnes doubles après les cinq voyelles, la confonne *s* s'y trouve la derniere; elle fe prononce comme dans l'autre par un fifflement. Il n'y a que trois colonnes où elle ne foit point, qui font *anc*, *ant* &

arp. Un enfant n'a que celles-là de plus à apprendre.

C'est pourquoi l'on ne doit pas être surpris si l'Auteur de la Découverte a fait lire à livre ouvert françois & latin en quinze jours un enfant de cinq à six ans, qui ne connoissoit que ses lettres : cet enfant a de l'oreille, il a promptement saisi les sons des trois premieres Tables, & il a sifflé les deux autres.

Cette découverte est non-seulement pour le françois, elle peut servir également à toutes les Nations. Chacun peut calculer les sons de sa Langue : combiner les différens assemblages des consonnes ; en dresser des Tables, & les faire prononcer tout d'un coup & d'une seule voix.

Si l'on demande pourquoi l'Auteur juge à propos de faire commencer par lire en latin ? La réponse est facile. En latin les difficultés se présentent successivement ; comme les colonnes des consonnes simples, celles des doubles & des triples devant & après les voyelles : en latin on prononce toutes les lettres ; les régles sont courtes & les exceptions en petit nombre. Au lieu qu'en françois les difficultés se présentent toutes à la fois : on n'y prononce qu'une partie des lettres, les régles sont immenses & les exceptions sans fin.

AVERTISSEMENT.

Pour enseigner les Enfans à connoître leurs lettres.

IL ne faut pas donner de Livre aux Enfans pour apprendre leurs lettres, parce qu'on leur feroit faire deux ouvrages ensemble, ce qui est trop difficile à leur âge, ne pouvant à la fois se fixer la figure & la forme des lettres, leur différence, & en retenir les noms.

Il faut donc les leur apprendre par cœur, comme on les apprend à prier Dieu. A peine les sauront-ils, qu'ils seront curieux de demander un Livre, & d'eux-mêmes ils pourront apprendre à les connoître, sur-tout si on ne les leur présente pas toutes à la fois.

Il faut d'abord leur présenter les caractéres des cinq voyelles avec l'*y* grec; ensuite on leur distribuera en cinq fois les caractéres des consonnes, en commençant depuis l'*a* jusqu'à l'*e*, depuis l'*e* jusqu'à l'*i*, depuis l'*i* jusqu'à l'*o*, depuis l'*o* jusqu'à l'*u*, & finir par les autres depuis cette derniere voyelle. Il semble même que la distribution des voyelles qui se trouvent dans l'Alphabet indique cette opération.

ALPHABETH.

a e i o u

a b c d * e f g h * i k l m n o * p q r s
t * u x y z & .. v & j conſonne, je ou ji
& vé.

D. Combien y a-t-il de voyelles dans
l'Alphabeth ?

R. Il y en a cinq, y grec compris.

D. Comment nomme-t-on les autres
lettres de l'Alphabeth ?

R. Elles ſe nomment Conſonnes ; il y
en a vingt & une.

Lettres italiques.

a b c d e f g h * i k l m n * o p q r s
t * u x y z & je & vé.

a, e, i, o, u, ſſ ſſ ſl ſl ſſl ſſi ſſi.

Lettres Majuſcules.

A B C D * E F G H * I K L M N * O P
Q R S T * U X Y Z &.

A, E, I, O, U, JE & VÉ.

PREMIERE COLONNE.

Des Consonnes simples devant les Voyelles.

Ba be bi bo bu.
Ca ce ci co cu.
Da de di do du.
Fa fe fi fo fu.
Ga ge gi go gu.
Ha he hi ho hu.
Ja je ji jo ju.
Ka ke ki ko ku.
La le li lo lu.
Ma me mi mo mu.
Pa pe pi po pu.
Qua que qui quo qu.

Il se prononce en françois comme

Ka ke ki ko ku.
Ra re ri ro ru.
Sa fe fi fo fu.
Ta te ti to tu.
Va ve vi vo vu.
Xa xe xi xo xu.
Za ze zi zo zu.

SECONDE COLONNE.

Des Consonnes simples après les Voyelles.

Ab eb ib ob ub.

Ac ec ic oc uc.

Ad ed id od ud.

Af ef if of uf.

Ag eg ig og ug.

Ha & Ja *ne se prononce pas à rebour.*

Ak ek ik ok uk, *comme*

Ac ec ic oc uc.

Il ne se prononce à rebour que dans les langue étrangeres.

Al el il ol ul.

Am em im om um.

Les François prononcent um *comme* om.

An en in on un *& on nasalement,*

& elle se prononce vocalement comme s'il étoit écrit, Ane ene ine one une.

Ap ep ip op up.

Aq *se prononce* Ac ec ic oc uc.

Ar er ir or ur.

As es is os us.

At et it ot ut.

Va *ne se prononce pas à rebours.*

Ax ex ix ox ux.

Az ez iz oz uz.

TROISIEME COLONNE.

Des Consonnes doubles devant les Voyelles.

Bla ble bli blo blu.

Bra bre bri bro bru.

Cha che chi cho chu, *& en latin*

Ka ke ki ko ku.

Dans quelques mots françois pris du latin on prononce de même.

Cla cle cli clo clu.

Cra cre cri cro cru.

Dla dle dli dlo dlu.

Dra dre dri dro dru.

Fla fle fli flo flu.

Fra fre fri fro fru.

Gla gle gli glo glu.

Gna gne gni gno gnu, *se prononce durement en latin ; mais en françois on mouille, & on prononce comme s'il étoit écrit* Gnia gnie gnii gnio gniu

Gra gre gri gro gru.

Pha phe phi pho phu *se prononce comme s'il étoit écrit* Fa fe fi fo fu. ph *ne vaut qu'une* f.

Pla ple pli plo plu.

Pra pre pri pro pru.

Pſa pſe pſi pſo pſu.

{ Ska   sko sku.
{ Sca ſçe ſci ſco ſcu. *S'il y avoit
une cédille ſous le C*, il prendroit le ſon
doux devant a o u... ſça ſço ſçu *ſe prononce comme* Sa ſo ſu.

Spa ſpe ſpi ſpo ſpu.

Squa . . . , ſqui . . . .

Sta ſte ſti ſto ſtu,

Tha the thi tho thu', *ſe prononce
comme s'il étoit écrit*, Ta te ti to tu.

Tra tre tri tro tru.

Vla vle vli vlo vlu.

Vra vre vri vro vru.

QUATRIEME COLONNE.

Des Consonnes triples devant les Voyelles.

Chra chre chri chro chru, *h ne se prononce pas.*

Phra Phre phri phro phru *se prononce comme s'il étoit écrit* Fra fre fri fro fru.

Scha sche schi scho schu. *se prononce en latin comme* Ska ske ski sko sku.

Scra scre scri scro scru.

Spha sphe sphi spho sphu *se prononce comme s'il étoit écrit,* Sfa sfe sfi sfo sfu.

Spla sple spli splo splu.

Spra spre spri spro spru.

Stra stre stri stro stru.

Thra thre thri thro tru, *se prononce comme* Tra tre tri tro tru.

Lorsqu'on sait la Colónne des Consonnes doubles, il n'y a qu'un siflement à faire pour en prononcer trois où la consonne s se trouve initiale. Les Maîtres doivent faire ce siflement pour l'apprendre aux Enfans. Ce qui doit s'observer & s'appliquer à la Colonne suivante après la consonne où s s'y trouve finale.

CINQUIEME COLONNE.

Des Consonnes doubles après les Voyelles.

Abs   ebs   ibs   obs   ubs.

Ads

Ams   ems

Anc ... inc   onc   unc. *se prononce souvent comme onc par les François.*

Ans   ens   ins   ons   uns. *comme ons.*

Ant   ent   int   ont   unt *comme ont*

Aps   eps   ips   ops   ups.

Arp   erp.

Ars   ers   irs   ors   urs.

Les Colonnes vides indiquent qu'il n'y a point de mots latins ni françois de deux Consonnes après les autres Voyelles. On peut y suppléer pour les Langues ètrangeres.

SIXIEME COLONNE.

Des Consonnes triples après les Voyelles.

Il n'y en a que deux : stirps & urbs.

Ces cinq Tables sont le tableau de tous les assemblages des consonnes qui se rencontrent dans les Livres latins & françois. D'une exposition aussi simple, il est facile de juger jusqu'à quel point croît l'ignorance, lorsque l'on méprise les plus petites choses ! Et combien depuis cette découverte elle peut encore régner, lorsqu'on se laisse aveuglément entraîner par un fatal préjugé.

Mais cette ignorance étoit encore bien plus crasse chez les Hebreux & chez les Grecs qu'elle ne l'est parmi nous, parce que nous nommons nos voyelles d'un son simple, & nos consonnes du son d'une seule voyelle : tandis que ces premiers peuples nommoient leurs voyelles & leurs consonnes alphabetiques d'un mot composé de deux & trois syllabes qu'ils faisoient épeler dans toute leur matérialité, pour n'articuler souvent qu'un mot d'une syllabe de deux ou trois lettres.

L'EÇON DE LA CONSONNE
SIMPLE AVANT LES VOYELLES.

Pour lire le huitieme jour au plûtard.

DO-mi-ne, di-ri-ge me, vo-lo le-ge-re e-la-tâ vo-ce ; & de-fi-ne-re lu-de-re, jo-ca-ri & ri-de-re. Do-mi-ni me-i ef-to-te mi-hi be-ne-vo-li, & fa-ve-te ju-ve-ni-li o-pe-ri. Re-ce-di-te à me ma-le-vo-li, fi o-pe-ra ma-la fe-ci, e-a to-tâ di-e ge-mu-i : Do-mi-ne mi-fe-re-re me-i ; ca-ve-bo mi-hi, me re-gu-la-bo ; de-ni-que xe-ni-a pa-ri-a ti-bi re fe-ro.

A-ve Ma-ri-a Re-gi-na Cœ-li, fa-ve-to mi-hi. A-men.

De la Confonne fimple après les Voyelles.

Ex-ur-ge De-us me-us ad-ju-va me ul-te-ri-us. Uf-que-quo ex-ul er-ro. Ad ar-ma mi-li-tes, af-pi-ci-te ex-ac-té, ap-ta-te ar-ma. Ac-ci-pi-te al-li-a, af-fa-te of-fa, af-fi-gi-te al-té co-qui-te il-la. Ur-ti-ca ef-to il-li oc-ca-fi-o af-fa-bi-lis ex-ur-gen-di ad-ver-fus om-ni-a. Ec-te ap-ta di-es ar-ri-pi-en-di vul-pes & an-fe-res, af-fa fo-co, an-na-tem al-li-ga-ve-ru.

CEtte premiere Leçon eſt le fondement de la lecture, elle ſert à joindre enſemble d'une ſeule voix deux Conſonnes, dont l'une eſt placée devant la Voyelle, & l'autre après, pour former une ſyllabe au moyen de cette Voyelle, ſans cependant l'èpeler, ni les Conſonnes du nom qu'elles ont dans l'Alphabet. Pour faciliter cette opération à ceux qu'elle embarraſſera, on peut la leur propoſer de deux façons : ou en leur laiſſant nommer d'abord la Conſonne devant la Voyelle, comme pe & pa, & leur dire comment appelle-t-on r après pe & pa, ou leur faire prononcer r après e & a, er & ar, & leur dire d'appliquer p devant er & devant ar, ainſi des autres. Huit jours ſuffiront pour la ſavoir parfaitement.

PREMIERE LEÇON.

Per par-tes cor-pus diſ-cer-pen-dum, in-cen-do lu-ci-fe-rum hoſ-tem for-tem, pel-les for-ti-ter tur-pem mor-tem. Jus juſ-tum, jur-gi-um in-juſ-tum cul-pa-bit. Mon-tes col-les per-tur-ba-bun-tur hor-ro-re tor-men-to-rum bel-li-co-rum.

Ful-men ven-tus ful-men-tum vin-ces re-du-cen-do na-vem ad por-tum, tan-tiſ-per ex-pec-tando.

Ma-gif-ter pu-nit gar-ri-en-tes , &
fu-fur-ro-nes.

Si af-pi-ci-as al-tum Cœlum for-def-
cet ter-ra , & do-mus mag-ni-fi-cas re-
pu-ta-bis ni-hi-lum.

SECONDE LEÇON.

Des Confonnes doubles avant les Voyelles.

Dra-co-nis fle-tum fper-ne , glo-ria-ri
bre-vi ig-no-mi-nio-se fre-me- cru-de-lis
Prin-ceps.

Flui-dus i-gnis cla-ref-cet , Phi-lo-fo-
phas-tri phi-lo-fo-phe ma-ta fter-nen-
tur.

Phi-lar-chi-a fter-ne-tur , & phi-la-re-
ta cla-ref-cet , bra-ca bru-ma-lis fran-
ge-tur.

Pra-ta pfal-li-te am-pla fqua-ma-ta
fpar-gi-te.

Scam-na fce-ni-ca fcin-di-te , fco-pas
fcur-ru-læ tra-he , pri-mi gre-ges tha-
la-mi plan-gi-te.

Dra-ma-ta dren-fa-te a-gni pla-na a-
gnof-ci-te.

TROISIEME LEÇON.

Des Confonnes triples avant les Voyelles.

Phra-fim , fchif-ma-ti-cam , fcri-be-re,
fpre-vit , fphe-no-is , fplen-di-da ftre-
pi-tat , chrif-ma Chrif-ti thra-ci-a.

Quatrieme Leçon.

Des doubles Consonnes après les Voyelles.

Abs-te, obs-ta-cu-lum, i-nops.

Hi-ems, ads-tat, a-mans, a-mens.

A-mant, hanc, hinc, ars, i-ners, carp-se-rint, ex-cerp-se-rint, ama-bunt.

An-ceps, stric-tor, strin-ge, stips, stric-tim, ads-cri-be-bant.

Cinquieme Leçon.

Des Consonnes triples après les Voyelles.

Stirps, urbs.

Avant que de faire lire la sixieme Leçon, il faudra enseigner aux enfans ce que c'est que la Voyelle, la Consonne ; enfin les demandes qui sont après la derniere Leçon, & leur en faire apprendre les réponses par cœur.

Sixieme Leçon.

Diphtongues où on ne prononce que la derniere Voyelle æ, œ, uo.

Præ-di-ves, præ-di-a, præ-do, æ-nig-ma, cœ-li, quot, quo-ti-di-è, dis-tin-guo.

Au , *à la place de ces deux Voyelles ,*
les François prononcent un o long.

Pau-lus l'auda-tur , au-rum frau-da-
tur au-guſ-ti plauſ-trum au-ri-bus au-
di-tur.

Sont ſimples ècrits avec deux caractères de
Voyelles.

Eu-ge , heu , eu-ge-nius , eu-ro-pa.

SEPTIEME LEÇON.

Diphtongues de prononciation. Les Fran-
çois prononcent ua *comme* oua.

A-quâ di-lu-e lin-guam. Quiſ-que
quæ-rit lin-guas quaſ-ſas , qua-re ſquam-
mas quæ-ris.

HUITIEME LEÇON.

U *devant* m & n ſe *prononce* o.
Un , *terminant une ſyllabe ou un mot ,*
les François prononcent on , & um *joints*
enſemble dans une même ſyllabe à la fin
d'un mot , les François prononcent om ,
& um , *terminant une ſyllabe dans un*
mot , ils prononcent on.

De-um ti-me-bunt. Je-ſum Chriſ-tum
for-mi-da-bunt. Fun-ge-re of-fi-ci-o
de-func-to-rum, rum-pe plum-bum.

Mots exceptés en um.

Hunc tunc nunc cunc-tus cunc-tor, & leurs derivés, la *Voyelle* u *ne s'y prononce pas comme* o.

Syllabes terminées en um exceptées.

On excepte les mots composées de deux autres mots dont le premier est terminé en um, *on prononce* om *& non pas* on.

Ve-rum-ta-men cir-cum-do, lisez ve-rom ta-men cir-com-do.

NEUVIEME LEÇON.

La consonne s se trouvant seule entre deux *Voyelles,* se prononce comme un z, & une syllabe finissant par ti devant une autre syllabe qui commence par une *Voyelle,* le t prend le son du c.

A-si-a e-su-rit, ja-so et-i-am, si-ti-o e-su-ri-o, ac-ti-o-nes de-si-ne, a-ti-ni-nas, ne go-ti-um tu-ti-us re-su-me.

Exception de la Consonne s.

Si le mot où se trouve s entre deux *Voyelles* est composé de deux autres mots, comme des propositions de & præ, la Con-sonne s se prononce à l'ordinaire & ne prend pas le son du z.

Præ-sup-po-no, de-ser-vi-o, de-su-per.

Exception de la syllabe ti.

Si la syllabe ti est précédée d'une autre syllabe terminée par une s ou un x, le t garde sa prononciation & ne prend pas le son du c.

Eu-cha-rif-ti-a chrif-ti-a-no-rum, mix-ti-o de-fer-vi-o æf-ti-um.

Ces deux régles font pour lire en fran-çois comme en latin.

Dixieme Leçon.

La Voyelle e jointe à x terminant une syllabe devant une autre qui commence par une Voyelle, x se prononce igz, & par tout ailleurs x se prononce ics, & quelque-fois c.

Ex-em-plum ex-i-go, ex-ur-ge, ex-i-mo, ex-an-guis, ex-hu-mo.

Ex-ci-pi-o xa-ve-ri-um, ex-ro, ex-pec-to, ale-xi-um. Bruxellæ, lisez Bru-cellæ.

Cette régle est pour lire en françois com-me en latin.

Onzieme Leçon.

Im, am & om au commencement d'un mot se prononcent in, an & on.

Im-pen-do, im-pe-di-o, am-pu-to, am-pho-ram. Bom-bum com-po-fi-tum, com-pac-tum.

B iv

Exception.

Si après am , im & om *la syllabe suivante commençoit par une* m *, on prononceroit* am , im & om & *non pas* an, in & on.

Im-men-sam, im-ma-nem, squam-mam com-mu-nem.

Cette regle est pour lire en françois comme en latin.

DOUZIEME LEÇON.

Les François n'aspirent la Consonne h *que dans les mots suivans.*

Heu, hem , hic, hæc, hoc & *leurs dérivés.*

TREIZIEME LEÇON.

La Consonne n à *la fin des mots ou d'une syllabe devant une autre qui commence par* n *ou par une Voyelle ou* h *non aspirée ,* n *se prononce vocalement : par tout ailleurs elle se prononce nasalement , par les françois seulement.*

Pec-ten, in-na-tus , in-hu-manus a-men. Const-tans a-mens , fla-grans in-cer-tus. An-xi-us fun-gor.

QUATORZIEME LEÇON.

Toutes les lettres se prononcent en latin excepté c *dans* Sanc-tus & auc-tor, *que les François ne prononcent point,*

Ces régles font faites pour les François, qui, à l'imitation des autres Nations, lisent le latin suivant le genie de leur langue naturelle.

L'Oraison Dominicale.

PAter noster qui es in cœlis, sanctificetur nomen tuum. Adveniat regnum tuum. Fiat voluntas tua; sicut in cœlo & in terra. Panem nostrum quotidianum da nobis hodie. Et dimitte nobis debita nostra, sicut & nos dimittimus debitoribus nostris. Et ne nos inducas in tentationem, sed libera nos à malo. Amen.

La salutation Angelique.

AVe Maria, gratia plena, Dominus tecum, benedicta tu in mulieribus, & benedictus fructus ventris tui Jesus.

Sancta Maria Mater Dei, ora pro nobis peccatoribus, nunc & in hora mortis nostræ. Amen.

Le Symbole des Apôtres.

CRedo in Deum Patrem omnipotentem, Creatorem cœli & terræ. Et in Jesum Christum, Filium ejus uni-

cum, Dominum nostrum : qui conceptus
est de Spiritu sancto, natus ex Maria Vir-
gine : passus sub Pontio Pilato, crucifi-
xus, mortuus & sepultus : descendit ad
inferos ; tertia die resurrexit à mortuis ;
ascendit ad cœlos : sedet ad dexteram
Dei Patris omnipotentis : inde venturus
est judicare vivos & mortuos. Credo in Spi-
ritum sanctum, sanctam Ecclesiam catho-
licam ; sanctorum communionem ; re-
missionem peccatorum ; carnis resurrec-
tionem ; vitam æternam. Amen.

La Confession des péchés.

Confiteor Deo omnipotenti, beatæ
Mariæ semper Virgini, beato Mi-
chaëli Archangelo, beato Joanni Baptistæ,
sanctis Apostolis Petro & Paulo, omni-
bus Sanctis, & tibi Pater, quia peccavi
nimis cogitatione, verbo & opere : meâ
culpâ, meâ culpâ, meâ maximâ culpâ. Ideò
precor beatam Mariam semper Virgi-
nem, beatum Michaëlem Archangelum,
beatum Joannem Baptistam, sanctos
Apostolos Petrum & Paulum omnes
sanctos, & te Pater, orare pro me ad
Dominum Deum nostrum.

D. Qu'est-ce que la Voyelle ?

R. C'est une lettre qui se prononce
seule, sans que l'on entende le son d'une
autre lettre.

D. *Qu'eſt-ce que la Conſonne ?*

R. C'eſt une lettre qui ne peut ſe prononcer ſans que l'on n'entende le ſon d'une Voyelle.

Exemple. b c d, on entend l'e fermé. f l m, on entend le ſon de l'e bref.

D. *Combien y a-t-il d'e en latin ?*

R. Il y en a deux, é, è.

D. *Comment appelle-t on le prémier ?*

R. On l'appelle long, & les François le nomment fermé, comme *ré-pa-ré.*

D. *Comment appelle-t-on le ſecond ?*

R. On l'appelle bref, comme *do* ce *o.*

D. *Qu'eſt ce que la Diphtongue ?*

Ce ſont deux ou pluſieurs Voyelles jointes enſemble dans une même ſyllabe.

D. *Combien y a-t-il de Diphtongues ?*

R. Il y en a de trois eſpéces. Diphtongues de prononciation, Diphtongues de demi-prononciation, & Diphtongues d'écriture.

D. *Qu'eſt-ce que la Diphtongue de prononciation ?*

R. C'eſt celle dont on entend le ſon de deux Voyelles, comme *ue ui,* en latin, & *ia ie ii io iu* en françois.

D. *Qu'eſt-ce que la Diphtongue de demi-prononciation ?*

R. C'eſt celle dont on n'entend le ſon que d'une Voyelle, comme en latin *æ,* œ ; on n'entend le ſon que de l'é (*a*).

D. *Qu'eſt-ce que la Diphtongue d'écriture ?*

R. C'eſt celle dont on n'entend le ſon d'aucune Voyelle écrite ; mais on entend le ſon d'une Voyelle qui n'eſt pas écrite , comme *Paulus*. La premiere ſyllabe s'écrit par un *a* & un *u* , on n'entend le ſon ni de l'*a* ni de l'*u* , mais les François prononcent un *o* long qui n'eſt pas écrit (*b*).

D. *Qu'eſt-ce que la Syllabe ?*

R. C'eſt une lettre , ou ç'en ſont pluſieurs , pour former un mot ou la partie d'un mot.

Exemple, *i* à l'imperatif eſt un mot, *e o* à l'indicatif eſt un mot de deux ſyllabes & chacune d'une lettre , *Do-mi-ne* eſt un mot de trois ſyllabes.

Comme bien des perſonnes liſent le latin ſans en ſavoir les régles, on les a expliquées à la tête de chaque leçon. On va encore joindre ici quatre régles générales.

(*a*) En françois mang*ea*, on ne prononce que l'*a*, la voyelle *e* eſt écrite pour indiquer le *g* doux devant *a*, ſans quoi on diroit *ga*.

(*b*) *Mais*, en françois s'écrit par *a e i* ; on ne prononce ni *a* ni *i* , mais on prononce un *e* ouvert qui n'eſt pas écrit.

OBSERVATION.

POur lire correctement en latin , il faut savoir prononcer à propos les Voyelles longues ou brèves. Ce qui est long en quantité, est quelquefois bref en prononciation, comme *di e i speci e i*, la seconde syllabe est longue en quantité & brève en prononciation.

La plûpart des mots terminés en *a* & tous ceux terminés en *e* sont brefs en quantité & longs en prononciation.

Les Latins ont mis des accens sur certaines Voyelles pour indiquer qu'elles sont longues en quantité, & on les prononce brèves. Ce détail montre que le latin est difficile à lire correctement soit qu'on l'ait étudié, & encore plus quand on n'en a pas fait l'étude.

Les Latins auroient dû marquer la prononciation, & non la quantité qui a ses régles ; s'ils ne l'ont pas fait, le mal n'est pas sans remède, comme on le fera voir dans la dissertation sur les deux *e* latins.

En attendant voici quatre régles qui peuvent y suppléer en partie.

I. *Régle.* Toute syllabe terminée par une Voyelle se prononce brève, si la syllabe suivante commence par une Voyelle.

Exemple. Di-ei fa-ve-o ſpe ci ei me-us.
Quoiqu'il y ait de ces voyelles longues
en quantité, comme di-e-i & ſpe-ci-e-i.

II. Toute ſyllabe terminée par une
conſonne ſe prononce brève.

*Exemple. Amaſ-ſes eſ-ſes iviſ-ſes oſ-ſa
percuſ-ſus,* quoiqu'elles ſoient longues en
quantité.

III. Les trois voyelles *a e o* ſe pronon-
noncent longues lorſqu'elles terminent
un mot.

*Exemple. Mu-ſa tem-pla te-ne-re be-ne
Do-mi-no me-o :* quoique la plûpart des
mots terminés en *a* ſoient brefs en quantité, de même que tous ceux terminés
en *e.*

Les voyelles *i* & *u* terminant un mot
ſe prononcent brèves.

Exemple. Vul-tu fruc-tu ti-bi mi-hi.

IV. La derniere ſyllabe des mots terminés par une conſonne, ſe prononce
brève.

*Exemple. A-ma-bat a-ma-ret a-ma-
ve-rit a-maſ-ſem vo-lue-ram a-ma-bis.*

On excepte de cette régle la voyelle *o*
qui ſe prononce toujours longue, & les
deux voyelles *a e,* lorſque ces deux
voyelles ſont ſuivies de la conſonne *s.*

*Exemple. A-ma-bor cor . . . a-maſ ſes
a-ma-bas.*

Ces quatre régles ſont pour toutes les

Nations qui lifent le latin, le génie de cette Langue ètant de facrifier la quan-tité à la prononciation en certains mots.

D. *Qu'eſt ce que le Genre?*

R. C'eſt ce que fignifie le mafculin ou le féminin.

D. *Qu'eſt-ce que le Nombre ?*

R. C'eſt ce que fignifie le fingulier ou le pluriel.

D. *Quelle eſt la marque pour connòitre le Genre & le Nombre ?*

R. *Le* eſt la marque du mafculin & du fingulier.

Exemple, le Maitre... *la* eſt la mar-que du féminin & du fingulier.

Exemple, la Maitreffe.... & *les* eſt la marque du pluriel pour les deux genres.

Exemple, les Maitres & *les* Maitreffes.

D. *De quel genre font les cinq Voyelles ?*

R. Du mafculin. *Exem.* le grand *a*, le grand *e*, &c. ou un grand *a*, un grand *e*, &c.

D. *De quel genre font les Confonnes ?*

R. Celles dont on entend le fon avant celui de la voyelle font du mafculin.... *b c d g p t ʒ k q.* Celles dont on entend le fon après la voyelle, font du féminin.

Exem. f l m n r ſ h exceptè *x* ... un grand *b*, un petit *b*, une grande *f*, une petite *f*, &c.

D. *Comment prononce-t-on les cinq Voyelles étant seules ?*

R. Les trois voyelles *a o e* se prononcent longues, & les deux voyelles *i u* se prononcent brèves.

D. *Comment prononce-t-on les Voyelles avant & après les Consonnes ?*

R. Les voyelles avant les consonnes simples, doubles & triples se prononcent brèves.

Exemple. *Ab abs urbs*, les voyelles *a e o* après les consonnes simples, doubles & triples se prenoncent longues. *Exem.* *Ba, ble, stro*, & les voyelles *i* & *u* se prononcent brèves. *Exem. Bi, scu, & scru.*

D. *Comment peut-on connoitre les syllabes d'un mot qui en a plusieurs ?*

R. Lorsqu'il y a deux consonnes au milieu d'un mot, la premiere appartient presque toujours à la premiere syllabe, la seconde forme la suivante.

Exemple. Tem-po-ra ses-tu-ca. S'il y a plus de deux consonnes, il faudra donner à chaque voyelle les consonnes qu'elles ont dans les colonnes des consonnes doubles avant & après la voyelle. *Exem. Abs-ti-ne-o tem-pla.*

S'il n'y a qu'une consonne entre deux voyelles, elle appartient presque tou-

jours à la seconde syllabe, & la prècé-
dente finira à la voyelle qui prècéde cette
confonne.

Exemple. Pu-e-ri do-ci-les, excepté la
confonne *x*, qui appartient à la voyelle
qui la prècéde pour former une fyllabe
enfemble. *Exem. Ex a-ro ex-em-pla ;*
ces deux régles font géncrales en latin &
en françòis, quoiqu'on ne prononce pas
toujours en françòis la premiere confonne. *Exemple. Com-man-der*, lifez *co-
man-der.*

INTRODUCTION

Pour lire en françois.

LEs Enfans pouvant aifément apprendre à lire le latin en fix femaines, les Maitres auront foin de leur parler de lire en françois. On fuppofe qu'il leur auront appris à prononcer les deux *e* latins. Il faudra leur apprendre à pronononcer l'*e* françois, & l'ouvert qui ne differe guére de l'*e* fermé. Dans le cours de la lecture on leur enfeignera l'*e* muet.

Ils auront déja affez d'intelligence pour ne pas confondre les régles du françois avec celles du latin. On leur mettra devant les yeux les colonnes des confonnes fimples & doubles qui fe prononcent différemment en françois qu'en latin.

Les Maitres prononceront nos diphtongues feules, comme *ia ie ii io iu oua oè* & *ouè ue ui eu ou, oin ail eil il oil ouil,* on fera prononcer *eil* fur l'*e* bref & fur l'*e* françois, & ils feront appliquer des confonnes devant & après.

On fait par l'expérience qu'après ces petits exercices préliminaires, un Enfant lira en françòis dans le premier livre qu'on lui préfentera ; en lui montrant néanmoins les diphtongues d'écriture qui fe préfenteront, comme *ai* & *oi*, & indiquant l'*e* qui fe doit prononcer à la place de ces diphtongues, il fuffira de dire l'*e* fermé ou bref, ou ouvert; les Enfans d'eux-mêmes en feront prendre le fon aux confonnes.

Enfuite on leur expliquera que pour lire un mot françòis, il ne faut prononcer que les lettres qui forment le mot , & que les autres qui ne fe prononcent point , ne font que lettres d'écriture ou d'ortho-graphe .... *Exem* .... Mes-de-moi-fel-*les* chan-ge*oient* .... les dernieres lettres de ces deux mots ne fe prononcent point, & dans le dernier mot il fuffit de leur dire de prononcer le *g* fur l'*e* bref, au lieu d'épeler fept lettres pour n'en pro-noncer qu'une. Enfin on leur dira que ce font ordinairement les dernieres lettres d'un mot qui ne fe prononcent point.

Lorfqu'il fe trouve deux confonnes écrites de fuite dans un mot, on n'en prononce ordinairement qu'une, c'eft la feconde. *Exem. Com*-man-*der* , apprendre il *ver-ra , hom-me , fem-me* ; lifez *co-*mander , *a*-prendre , il *ve*-ra *ho*-me , *fa*-me.

Cette régle fouffre quelques excep-

tions, les Maitres les feront remarquer.
Exem. im-mortel, *im*-menſe, *im*-man-
quablement, *il-lé-gi-ti-me-ment*, *in* né.

On a déja parlé de ces exceptions dans
les régles pour lire en latin, de la double
m & n.

Du C doux devant & après les Voyelles.
Ça ce ci ço çu.
ace ece ice oce uce.

Le C doux ſe ſiffle comme s.

Du C dur devant & après les Voyelles.

Ca cue comme ke ſur l'e françois co cu.
ac ec ic oc uc.

Du G doux devant & après les Voyelles.

Gea ge gi geo geu.
age ege ige oge uge.

Du G dur devant & après les Voyelles.

Ga gue gui go gu.
ag eg ig og ug.

Em & En.

Em dans la même ſyllabe ſe prononce *An.* Em-pe-reur, em-barras, *liſeʒ* An-pe-reur, an-bar-ras.

En dans la même ſyllabe ſe prononce
An. En-ten-de-ment, *liſeʒ* An-tan-de-
mant, excepté *prenne, garenne, ennemi.*

De la Voyelle E.

CEtte voyelle se prononce de cinq façons en françois. Nous avons l'*e* long latin que les François nomment fermé. *Exem.* ré-pa-ré.

Nous avons l'*e* bref latin , *Exem.* Ge-ant.

Le troisieme est l'*e* françois. *Exem.* les-*te*-ment, for-*te*-ment.

Le quatrieme est l'*e* ouvert. *Exem.* la *Mér*, c'est un son mitoyen entre l'*e* & l'*a*.

Comme ces quatre *e* ne sont point toujours marqués d'un accent , pour en indiquer la prononciation , c'est aux Maitres à y suppléer.

Le cinquieme est l'*e* muet qui ne se prononce pas , on n'entend tout au plus qu'un son sourd.

Tous les mots de plusieurs syllabes terminés par un *e* sans accent, l'*e* est toujours muet, & la syllabe précédente tire à elle les consonnes de l'*e* muet. *Exem.* Per-e , Mer-e , amu-sant-e.

S'il y a plusieurs *e* françois de suite, on en mange la moitié , & on prononce l'autre. *Exem.* re-ve-nir , *lisez* re-vnir.

Des Diphtongues.

COmme les confonnes prennent le fon des voyelles fimples, elles prennent auffi celui des diphtongues. Il faut donc enfeigner les Ecoliers à les prononcer ; enfuite on les exercera à appliquer des confonnes devant & après chaque diphtongue, afin de leur en faire prendre le fon.

Il y a en françois trente-deux diphtongues ècrites : elles font de trois efpèces comme en latin. Diphtongues de prononciation, de demi-prononciation, & d'ecriture.

Diphtongues de prononciation.

EN françois il y a douze diphtongues de prononciation.

I A ... Fia-cre, Dia-ble.

I A U ... fe prononce comme *io*, bian piau-tre, *lifez* bio, pio-tre.

I É ... Cette diphtongue fe prononce de deux façons.

Premierement dans les mots terminés en *yé*, elle fe prononce fur l'e fermé. & en iere, fur l'e ouvert. *Exem.* En-voyé, em-ployez, broy-ez, bi-ere, pie-re.

Dans les mots suivans, *mien*, *tien*, *viens*, *mienne*, *vienne*, *Fief*, *miel*, & dans les autres mots de semblable terminaison elle se prononce sur l'*e* bref.

Secondement, elle se prononce d'une façon singuliere dans les mots terminés en *yiez*. *Exem.* En-voyiez, em-ployiez. Elle se prononce de même dans les mots terminés en *ié*, comme s'il y avoit deux *ii* devant l'*e*. *Exem.* Pi-tié, a-mi-tié, poi-rier, pom-mier, mer-cier.

IEU, l'*u* ne se prononce point, on ne prononce que l'*i* & l'*e* françois. *Exem.* Dieu, mieux, lieu.

IO... Il faut faire prononcer *ion*, parce que cette diphtongue est toujours suivie de la consonne *n* & jamais d'au-tres... *Exem.*. Man-gions, ai-mions, ma-rion.

OE... Cette diphtongue se prononce sur l'*e* bref *oè*... *Exem.* Cœffe, bœte, pœle dans la signification de fourneau, ajoutez encore de la chambre où il est, & d'un drap précieux.

OI... Cette diphtongue terminant un mot, se prononce sur l'*e* bref, comme *oè*... Roi, moi, toi, loi, *lisez* Roè, moè, toè, loè.

Si elle ne termine pas un mot, mais qu'il y ait une *r* après, elle se prononce

comme *oa* ou *oua* ... *Exem.* voir, pou-
voir, *lisez* voar, pouvoar.

Si elle termine une syllabe dans un mot, elle se prononce en certains mots comme *oè*... *Exem. Poi*-son, *poiſ*-son, *lisez poè*-son, *poeſ*-son : elle se prononce en d'autres mots comme *oa*... *Exem. Poi*-lon, *moi*-lon, *lisez poa*-lon, *moa*-lon. C'est aux Maitres à indiquer ces diffé-rentes articulations en prononçant *oè* ou *oua*.

OUE... Cette diphtongue se pro-nonce comme *oè* sur l'*e* bref, & *oè* comme *ouè* ... *Exem.* Couet, couette, couenne.

On a dit que la diphtongue *oè* se pro-nonçoit comme *ouè*, parce que plusieurs prétendent que l'on ne peut articuler une diphtongue de l'*o* avant une voyelle, qu'au moyen du son simple *ou*. Comme nos anciens ont écrit *oè* & *ouè*, cela mar-que qu'ils étoient partagés en sentimens différens sur cette articulation.

OUI ... Mot affirmatif, se prononce comme il est écrit.

UE... E-cue-le.

UI...Lui, étui, puits.

Diphtongues douteuses.

ON appelle ces diphtongues douteu-
ses, à cause des Auteurs qui sont
partagés en sentimens. Les uns prétendent que l'on n'entend pas le son de l'*i*,
mais seulement celui des voyelles *a e o*
avec la consonne L. Comme on ne peut
la prononcer mouillée sans faire enten-
dre le son de l'*i*, j'aimerois mieux dire
que *i* après *a e o* ne peut se faire en-
tendre qu'étant joint à *l*.

  Ail,   *eille*   *il*

  Bail, maille, veille, gril, vetille,
oille,   *ouil.*

oille, fenouil, grenouille.

    euil.

  Deuil, œil & œillet se prononcent
comme *deuil* sur l'e françois.

Sons simples écrits avec deux Voyelles.

EU... Jeu, feu, peu, eux, meuble,
& dans certains mots on prononce l'*e*
françois ... *Exem.* Peupler, meubler,
& en d'autres on ne prononce que la
voyelle *u. Exem.* J'ai *eu.*

  OU ... Nous, vous, tout, pour,
amour.

C

Des Diphtongues de demi-prononciation.

Toutes les diphtongues de prononciation doivent commencer par les voyelles *i* & *u* ; ainsi toutes celles qui commencent par *a e o* font diphtongues de demi-prononciation ou d'ècriture, excepté *oa oe* & *oi* qui fe prononcent comme *oua* & *ouè*, qui font diphtongues de prononciation. Il y a en françois huit diphtongues de demi-prononciation.

Ae. *Caen*, nom propre d'une Ville de France ècrit avec cette diphtongue, on ne prononce que l'*a*, *Caen*, ville de Normandie, *lifez Can*. S'il fe trouve d'autres mots françois ècrits avec cette diphtongue, on ne prononce que l'*e* comme en latin, & on fupprime la voyelle *a* ... *Exem. Ægide*, *æ-giptiac*, *lifez é-*gide, é-giptiac.

Aò, Cette diphtongue ne fe trouve que dans trois mots, on fupprime l'*o* & on ne prononce que l'*a*. *Faon, Paon, Laon ; Fan, Pan, Lan* ; ce dernier eft un nom de Saint *.

Ea. Cette diphtongue prècédée du *g*, on le prononce doux devant *a* ; l'*e* n'eft ècrit que pour indiquer le *g* doux.

Ei. Cette diphtongue etant fuivie de

la confonne *l*, on en a parlé à l'article des confonnes douteufes.

Lorfque cette diphtongue eft fuivie d'une *m* ou d'une *n* dans une même fyllabe, on prononce l'*e* avec l'*n* nazale. *Exem... Reims, plein.* L'*i* eft écrit pour indiquer que la voyelle *e* ne prend pas le fon de l'*a*, quoiqu'elle foit jointe à *n* & *m*.

Remarquez que *en* & *in* fe prononcent de même, le fon de l'*e* prévaut dans *in* qui fe prononce comme le mot latin *ens*, & *infpiro* comme *enfpiro*. En françois *ingrat* fe prononce *engrat*, car on ne fait fentir le fon de l'*i* fuivi de la confonne *n* que devant une fyllabe qui commence par une *n* ou par une voyelle, ou par une *h* non afpirée, & cela en latin comme en françois. *Exem. Innatus, inauguratio, inhabilis. Inné, inauguration, inhabile.* Par tout ailleurs *in* fuivi d'une fyllabe qui commence par une confonne, fe prononce comme dans *ens* avec l'*n* nazale, & cela par les François feulement, car les autres Nations prononcent toujours l'*n* vocale en latin.

Si cette diphtongue termine une fyllabe, on prononce l'*e* ouvert, ou l'*e* bref, l'*i* n'eft écrit que pour indiquer un *e* qui fe prononce, & qui n'eft pas l'*e* françois ni l'*e* muet. *Exem. Reine, peine,* dans ces deux mots l'e est ouvert, & dans *Sei-gneur* & *meil-leur* il est bref.

Eo. Cette diphtongue ne s'employe qu'avec la consonne *g* qui la précéde, on ne prononce que l'o, la voyelle *e* est seulement écrite pour indiquer le son doux du *g* devant l'o. *Exem.* Plon-*geon*, bour-*geon*, man-*geons.* On prononce ces mots comme s'ils étoient écrits plon-*jon*, bour-*jon*, man-*jon.*

Eoi. Cette diphtongue ne s'employe comme la précédente qu'avec le *g* qui la précede. Dans les noms elle est diphtongue de prononciation, on prononce *oé* ou *oué* sur l'e bref. La voyelle *e* ne se trouvant écrite que pour indiquer le son doux du *g* avec l'o. *Exem.* Bour-*geois*, lisez bour-*joué.*

Dans les verbes elle est diphtongue de demi prononciation, on prononce le *g* doux sur l'e bref, tant au pluriel qu'au singulier, quoique cette diphtongue soit écrite au pluriel avec quatre voyelles. *Exem.* Il man-*geoit*, ils man-*geoient*, prononcez dans les deux nombres man-*gé* sur l'e bref.

Oeu. En certains mots est diphtongue de demi-prononciation, on ne prononce ni l'o ni l'u mais on prononce l'e françois tant au singulier qu'au pluriel. *Exem.* œuf, bœuf, mœuf ; dans les deux premiers mots on ne prononce pas la conſonne *ſ* au pluriel ; on la prononce dans le dernier.

Cette diphtongue en d'autres mots ne déſigne que le ſon ſimple *eu*, dont on a donné des exemples à l'article des ſons ſimples écrits par deux voyelles, *p.* 49.

Ue. N'eſt diphtongue de prononciation que dans le ſeul mot è-*cue*-le. Par tout ailleurs elle eſt diphtongue de demi-prononciation : elle eſt toujours précédée d'une des trois conſonnes *c g q ;* on ne prononce que l'*e* bref ou l'*e* françois ; la voyelle *u* eſt ſeulement écrite pour indiquer un ſon dur que ces trois conſonnes doivent prendre avec l'*e*. *Exem, quel guèrir que* non *que ;* les deux premiers mots ſe prononcent ſur l'*e* bref, les deux deux derniers ſur l'*e* françois ; comme cette diphtongue n'eſt marquée d'aucun ſigne qui indique le ſon de l'*e* qu'elle doit prendre, c'eſt aux Maîtres à y ſuppléer.

Cette diphtongue en certains mots eſt augmentée de la voyelle *i* ſuivie de la conſonne *l* dans la même ſyllabe, on en a parlé à l'article des diphtongues douteuſes, *pag.* 49.

Ui. Diphtongue de prononciation & de demi-prononciation, n'étant marquée d'aucun ſigne qui indique ſi elle eſt diphtongue de prononciation, comme dans ai-gui-ſer, ou de demi-prononciation comme dans gui-der, c'eſt aux Maitres à l'indiquer.

Lorſqu'elle eſt diphtongue de demi-prononciation, elle eſt toujours précédée du *g* ou du *q*, & la voyelle *u* qui ne ſe prononce pas, eſt ècrite pour indiquer un ſon dur que ces deux conſonnes prennent avec l'*i*. *Exem.* A-qui-taine, gui-der, gui-don.

Diphtongues d'ècriture.

AI... Par tout où cette diphtongue n'eſt pas ſuivie de la conſonne *l* dans la même ſyllabe, elle eſt diphtongue d'ècriture, & elle indique un des trois *e* ſuivans, ou le fermé, comme j'ai-mái, ou le bref, comme dans ai-gu, ou l'ouvert, comme dans ja-*mais*. Ainſi cette diphtongue ne peut repréſenter l'*e* françois ni l'*e* muet par conſèquent.

AY... eſt une diphtongue d'ècriture qui indique toujours un *e* bref, l'*y* grec vaut deux *i i*, dont le ſecond appartient à la ſyllabe ſuivante. *Exem.* ay-ons, ray-on, èquivaut à ai-ions & à rai-ion.

Aï... Pluſieurs ſe ſervent de l'*i* marqué de deux points pour l'*y* grec. Alors il faut faire uſage de aï comme d'ay, mais ils ſe trompent; car l'*i* marqué de deux points eſt un *i* trema qui ne vaut pas deux *ii*; il indique feulement que l'*i* marqué de deux points fait une fyllabe à part de l'*a*. *Exem.* ha-i-ra.

AU & EAU. Ces deux diphtongues indiquent un *o* long. *Exem.* au-jour-d'hui fe prononce *o*-jourd'hui : ba-*teau*, mar-*teau*, lifez ba-*to*, mar-*to*.

OI. Lorfque ces deux voyelles ne font pas diphtongues de prononciation, elles indiquent ou l'*e* ouvert ou l'*e* bref. *Exem. fôi*-ble eft un *e* ouvert : *fôi*-bleffe, chan-*toit* ou chan-*toient* font des *e* brefs.

O Y. Se prononce de même ; *y* grec vaux deux *ii*: j'en-voyois, *lifez* j'en-voi-iois, la premiere fyllabe eft diphtongue de prononciation en *oè*, & la feconde en *iè*.

Jamais *oi* n'indique un *e* ouvert à la fin d'un mot, mal-à-propos M. de Voltaire & fes Sectateurs écrivent-ils indifféremment *ai* pour *oi* ; c'eft ce qui fera démontré plus au long dans le traité des diphtongues.

Le changement d'Orthographe de M. de Voltaire provient de la C X. Remarque de M. de Vaugelas, de laquelle M. de Voltaire a mal pris le fens.

Anciennement on prononçoit les imparfaits & tous les mots, terminés par la diphtongue *oi* en plein, comme *Roi, toi, loi, moi*, &c. Sur quoi M. de Vaugelas dit : « Beaucoup de mots écrits avec la

» diphtongue *oi* se prononcent à la Cour
» comme s'ils étoient écrits avec la diph-
» tongue *ai.* La prononciation de cette
» derniere est plus douce, plus délicate,
» & à mon gré elle fait une des beautés
» de notre Langue.

Comme les sons ne peuvent s'écrire,
M. de Vaugelas s'est vû contraint de re-
courir à la diphtongue *ai,* laquelle n'indique jamais un son plein comme dans
Roi, moi, toi, &c. & c'est seulement
ce qu'il se proposoit de faire voir alors.

Ai est une diphtongue d'écriture, c'est-
à-dire, on ne prononce ni *a* ni *i,* & à la
place de ces deux voyelles on prononce
en certains mots, ou un *e* fermé, ou un
ouvert, ou l'*e* bref latin, c'est sur quoi
M. de Vaugelas ne s'est point expli-
qué, & il n'a aucunement autorisé le
changement d'orthographe.

On peut seulement conjecturer qu'il enten-
doit parler du son de l'*e* bref latin ; parce que
les èpitetes d'un son *doux, dèlicat,* qui fait
une des *beautés* de la langue, ne convien-
nent point à l'*e* ouvert, qui pèse à la bouche,
& qui la remplit presque autant que la diphtongue *oi* prononcée en plein.

C'est le sentiment du P. Bouhours pag. 99.
des Entretiens d'Ariste & d'Eugene. On prononce, dit-il, la diphtongue *oi* comme un *e,*
& fai*soit* se prononce *faiset.*

On peut ajouter, que c'est encore aujourd'hui
comme la Cour prononce.

PRIERES.

Oraison Dominicale.

Notre Pere qui êtes aux Cieux, que votre nom soit sanctifié ; que votre regne arrive , que votre volonté soit faite en la terre comme au Ciel : donnez-nous aujourd'hui notre pain quotidien , & pardonnez-nous nos offenses , comme nous pardonnons à ceux qui nous ont offensés , & ne nous laissez pas succomber à la tentation : mais délivrez-nous du mal. Ainsi soit-il.

Salutation Angelique.

Je vous salue, Marie, pleine de grace ; le Seigneur est avec vous ; vous êtes benie entre les femmes, & Jesus le fruit de votre ventre est beni.

Sainte Marie , mere de Dieu , priez pour nous pauvres pécheurs , maintenant & à l'heure de notre mort. Ainsi soit-il.

Symbole des Apôtres.

Je croi en Dieu le Pere tout-puissant , Créateur du ciel & de la terre : & en Jesus-Christ son Fils unique notre Seigneur, qui a été conçû du Saint Esprit, est né de la Vierge Marie ; a souffert sous Ponce-Pilate, a été crucifié, est mort, & a été enseveli : qui est descendu aux enfers, & le troisieme jour est ressuscité d'entre les morts ; est monté aux Cieux, & est assis à la droite de Dieu le Pere tout-puissant : d'où il viendra juger les vivans & les morts. Je croi au S. Esprit : la sainte Eglise Catholique, la communion des Saints, la remission des péchés, la resurrection de la chair, la vie éternelle. Ainsi soit-il.

JE confesse à Dieu tout-puissant, à la bienheureuse Marie, toujours Vierge, à saint Michel Archange, à saint Jean-Baptiste, aux Apôtres saint Pierre & saint Paul, à tous les Saints, & à vous mon Pere, que j'ai grandement péché en pensées, paroles & œuvres, par ma faute, par ma faute, par ma très-grande faute ; c'est pourquoi je supplie la bienheureuse Marie toujours Vierge, saint Michel Archange, saint Jean-Baptiste, les Apôtres saint Pierre & saint Paul, tous les Saints, & vous mon Pere, de prier pour moi le Seigneur notre Dieu.

Les Commandemens de Dieu.

1. UN seul Dieu tu adoreras,
    Et aimeras parfaitement,
2. Dieu en vain tu ne jureras,
    N'autre chose pareillement.
3. Les Dimanches tu garderas,
    En servant Dieu dévotement.
4. Tes Pere & Mere honoreras,
    Afin que vives longuement.
5. Homicide point ne seras,
    De fait ni volontairement.
6. Luxurieux point ne seras,
    De corps ni de consentement.
7. Le bien d'autrui tu ne prendras,
    Ne retiendras à ton escient.
8. Faux temoignage ne diras,
    Ni mentiras aucunement.
9. L'œuvre de chair ne desireras,
    Qu'en mariage seulement.
10. Bien d'autrui ne convoiteras,
    Pour les avoir injustement.

Les Commandemens de l'Eglise.

1. LEs Fêtes tu sanctifieras,
    Qui te sont de commandement,
2. Les Dimanches la Messe ouïras,
    Et les Fêtes pareillement.
3. Tous tes péchés confesseras,
    A tout le moins une fois l'an,

4. Ton Créateur recevras,
   Au moins à Pâques humblement.
5. Quatre tems, Vigiles jeûneras,
   Et le Carême entiérement.
6. Vendredi chair ne mangeras,
   Ni le Samedi mêmement.

www.ingramcontent.com/pod-product-compliance
Ingram Content Group UK Ltd.
Pitfield, Milton Keynes, MK11 3LW, UK
UKHW021658130726
13696UKWH00004B/1594